www.ingramcontent.com/pod-product-compliance
Lightning Source LLC
Chambersburg PA
CBHW081721220526
45468CB00008B/1935
* 9 7 8 1 7 9 0 4 4 8 7 3 9 *